TRASCENDENTAL

TRASCENDENTAL

SELECCIÓN DE POEMAS

CLAUDIA SCRITCHFIELD

TRADUCIDO POR JAMES A. COOMBS

Translated by James A. Coombs
Mayo del 2018

Número de Control de la Biblioteca del Congreso de EE. UU.:   2018900509
ISBN: Tapa Dura   978-1-5065-2318-7
             Tapa Blanda   978-1-5065-2317-0
             Libro Electrónico   978-1-5065-2316-3

Información de la imprenta disponible en la última página.

Fecha de revisión: 28/07/2018

Para realizar pedidos de este libro, contacte con:
Palibrio
1663 Liberty Drive
Suite 200
Bloomington, IN 47403
Gratis desde EE. UU. al 877.407.5847
Gratis desde México al 01.800.288.2243
Gratis desde España al 900.866.949
Desde otro país al +1.812.671.9757
Fax: 01.812.355.1576
ventas@palibrio.com
702650

CONTENIDO/*CONTENTS'*

I

Nadando en aguas desconocidas

Swimming in Sweet, Unsteady Exploration

II

Navegando océanos

Navigating Oceans

III

Mares de oscuridad y tormenta

Rough Seas of Obscurity and Torment

IV

Reaparece el amor

A Dream Long Discarded, True Love Appears

V

Conexión natural

To Rejoin the Natural World

En memoria de
Roberto, Alicia y
Sabrina Rojas,
Edwin Fisch.

Con gratitud para Marcela, Pilar, Adriana, Alexandra, Roberto, María
Fernanda, David, Eduardo, Carolina, Lorena, Micaela, Daniel, Victoria,
Evelyn, Keilor, Bert, Ed, Daya, Monsalves, Cantinis, Jim, Alan, Orlando,
Melissa, Liz, Rebeca, Luis, Paola, Marta, Livia, Patricia y todos los demás
familiares y amigos que me inspiran a diario. A mi nieto Nicholas por su
nobleza y valor.

TRASCENDENTAL

En esta selección de poemas he querido reunir algunos escritos elaborados en noches de insomnio, amores y desamores, vivencias, algunas difíciles y dolorosas (pero excitantes todas), a las que he sobrevivido o imaginarias de libros que marcaron desde mi niñez el amor por la literatura.

Sumergirse en estas aguas, las de la imaginación y los mundos que habito, las de los versos, los sueños y las palabras, es querer compartir la fascinación por la vida y sus diferentes posibilidades en un encuentro íntimo con el amor, motor que impulsa la existencia.

TRANSCENDENTAL

In this selection of poems I wanted to compile a collection of my writings composed over many nights of insomnia, devotion, and indifference, difficult and painful life lessons I managed to survive (each one exhilarating); with imaginings from books that have marked me since childhood with a love for literature.

Immersed in these waters, of the imagination and the worlds I inhabit, verses of dreams and of prose, I wish to impart my fascination with life and its many possibilities in an intimate encounter with love as the engine propelling our existence.

Prólogo

En esta edición bilingüe, el amor es la arcilla fundamental para modelar los más profundos, lúcidos y a veces despiadados sentimientos de una poeta de nuestro tiempo. Sentimientos que en realidad son los de esta época, mezcla de fiesta y alegría, pero también de nostalgia, sobresalto, enigma. La lluvia, los ríos, las olas, el agua en todas sus manifestaciones discurre por este libro como símbolo del inconsciente colectivo de la humanidad, de la sabiduría almacenada en el océano primigenio, del cual la autora toma sorbos de claridad. Claridad que se adentra en los mundos interiores para revelarnos la intuición de otras posibilidades y otras certezas. A su lado, la imaginación transcurre plena de imágenes insospechadas, pero también de silencios que sacuden.

A la par con la aventura de la vida, los poemas de Claudia, nacida en Ibagué, Colombia, y titulada en la Universidad de Mesa Colorado, Estados Unidos, traen el sol, los lugares inesperados para encontrar al ser amado y mariposas que revolotean traviesas. Pero también aquí, plenas de sinceridad e independencia, sus reflexiones se sumergen en el drama humano y así, en "Florecer perdido", resulta imposible no estremecerse con la sombra y la esperanza. En "Ajeno", el amor, pasional, inasible, nos revela que "ajeno es el mar, con todos los peces". Esta visión del mundo es el aporte de una escritora que presenta por primera vez su obra en público, tan esperada por quienes han conocido fragmentos de su poética fluida, espontánea, iluminada. También agrega un relato en el que la vida y el ajedrez son pretextos para observaciones furtivas.

En la parte final, un regalo: poemas terrígenos que elevan a planos superiores las frutas, la cocina, los recuerdos de quien nunca ha roto su cordón umbilical con el trópico, donde hay una sola estación, la del sol. "Trascendental", entonces, es apenas la entrega inicial de una creación que empezó hace tiempo y que ahora da a conocer fragmentos del universo interior de una mujer del Nuevo Milenio.

Jesús Delgado A.

Foreword

In this bilingual edition, Love is the fundamental clay for sculpting the deepest, most lucid, and even the most ruthless feelings of a poet of our time. Emotions that, in reality, spring from this era, baring a legacy of celebration and joy, but also of nostalgia, distress, and mystery. Natural elements such as the rain, the rivers, the waves, and water in all its forms percolate into this collection to symbolize the collective unconscious of humanity, the wisdom stored in the primordial ocean. From this the author takes sips of clarity, a penetrating focus on the inner life experience that gives us a peek at unfamiliar opportunities and certainties alike. Alongside, our imaginations rush by, full of visions that surprise, but also full of pauses that make us shiver.

Relating a folkloric life odyssey through poetry, Claudia, born of Colombia, and educated at Colorado Mesa University, offers the Sun, unforeseen places for finding true love, and butterflies fluttering around mischievously. But also here, in full sincerity and freedom, her reflections plunge into the human drama. Thus, in "Lost Blossom", it is impossible not to tremble, both with dread and with hope. In "Oblivious", Love, passionate and ungraspable, reveals in "Oblivious is the Sea, focused on all its fish." This vision of the world is the contribution of a writer presenting her work publicly for the first time, long-awaited by many who have glimpsed fragments of her fluid, spontaneous, enlightened verse. She adds a profound, highly personal story, in which fame and chess become pretexts for deeper life observations.

In the concluding section, Claudia presents a gift: Terrigenous poems that elevate our nascent memories of the fruits, the hearth, and the unbroken umbilical cord to the feel of the tropics, where there is only ever one season, that of the Sun. "Transcendental," then, is just the introduction to a creation that began a long time ago, germinated over many decades, and bears witness to the coalescing inner universe of a woman of the new Millennium.

Jesús Delgado A.

I

Nadando en aguas desconocidas
Swimming in Sweet, Unsteady Exploration

Palabras

Que cada palabra diga lo que quiera,
que evoquen el suspiro y nazcan cada noche
en las alas de las mariposas.
Se posen monosílabas
sublimes de fe, paz, sí, luz, día, sol…

Cuantas otras quieran
callar o decir en cada acento,
enmendar la duda o aligerar el miedo,
que digan todopoderosas las palabras lo que piensan,
nunca simples, siempre exactas
afiladas cuchillas, damas despiadadas

Que hagan temblar cuando estalle la guerra
para alzar la voz de la protesta y salgan
en armoniosa fila que estremezca las masas.
Que digan la verdad hasta morir de risa
o traspasar lo prohibido
desnudas, sin farsa,
que digan todas las palabras lo que lleva el alma
con dignidad o furia

Melosas o agrias a quien le guste o no…
¡Que digan lo que quieran! ¡Tienen la palabra!

Words

That each word would say what it will
and evoke a sigh and be reborn every night
on the wings of the butterflies
they alight monosyllabic
sublime in faith, peace, yes, light, day, sun…

However many others wish
to hush-up each accent,
to amend the doubts or lighten the fears
of all the power words can express
never simple, always precise
like sharpened blades…like merciless ladies

That make you tremble when war breaks out
to raise the voice of protest and assemble in a
harmonious queue, waking the masses to cry their truth
until they die of laughter or trespass into
forbidden nudity without farce, that all the words
say what the soul carries with dignity and fury

Sweet or sour, to whomever likes it or not…
let them say what they will! They have the floor!

El alba

Cuando llega el alba con sus horas tiernas
y todo es tan simple
como besar el sol con el alma en pijama
para ser fuerte una vez más, otro día espera…

Cuando llega el alba con la sed de verte
despertando en gotas
tu aliento desnudo y una rosa roja
en pétalos, tus labios…

De amor descontrolado tu imagen
desborda acertijos,
canciones de cuna,
ebriedad de estrellas
y anhelos de luz

Dawn

When Dawn comes in its tender hours
and everything is so simple
like kissing the Sun with your Soul in pajamas
in order to fight again for another day…

When Dawn arrives thirsty to see you
awakening you with the mist from
your naked breath and like the petals of
a red rose, your lips…

Out of wild uncontrollable love
your image brims over with riddles
like lullabies to my memory
intoxicating like the Stars and
yearning for light

Soplo de vida

Huyo entre un reloj de arena
que en inverosímiles granos
cuenta las historias de mi existencia…

Un acróbata ejecuta saltos inmortales
tras las bambalinas de este juego inmarcesible
en la afilada navaja del hado

El mar agita a la deriva,
un elefante bajo un sombrero
y un payaso sube al escenario del Principito…

Solo un montón de risas eran los instantes,
un clavel rojo dormía en la solapa
de tu traje de loco transeúnte,
te posaste para siempre
en este vals de misterio, amigo mío…

Breath of Life

I run through an hourglass
that in unbelievably tiny grains
recount the stories of my existence…

An acrobat performing death-defying leaps
behind the scenes of this undying attraction
in the razor-sharp knife of Fate

The Sea stirs adrift
an elephant under a hat
and a clown takes the stage with The Little Prince…

Looking back, every moment was only a pile of laughs
a red carnation lay drowsily on the lapel
of your zany transient's suit
you were frozen in a pose forever
in this enigmatic waltz, my friend…

Sabrina

Cuentan que la luna se vistió de sirena
y adornó su traje con alas de hada
para ser bailarina en el mar y en la tierra

Se vistió de gala y colores como una mariposa
en su baile de luz y magia alcanzó
los confines de la danza aérea
su nostálgico viaje y atracción por el agua
la llevó cautiva voluntaria hasta el Caribe
y allí se contagió de cumbia

Sus noches eran festivales de luces y estrellas
el sol la despertaba cada mañana con un beso
y volaba alegre entre las flores

Una tarde llegó hasta el Pacífico y la conmovió
la nostalgia de sus aguas, en sus playas grises
y los ocasos que contaban historias de piratas
se sintió triste y solitaria

Luna Sabrina se fue detrás de una ballena jorobada
y se perdió para siempre, la buscaron en vano
por los rincones del mundo

¡Luna! Luna… hada del mar y de las aguas…
una orquesta de niños indígenas
cantaban bajo la lluvia por la triste dama
que partió de éste mundo sin dar aviso

Los hermanos mayores de la Sierra Nevada
han hecho una casa en el aire para su regreso.
"Niña risueña, hada, sirena, vuelve a nadar con locura
bajo una luna llena, ¡Danzarás eterna!"

Sabrina

*They say that the Moon dresses as a mermaid
and embroiders her costume with fairy wings
to be a dancer, both at sea and on shore*

*She dressed in finery like a butterfly
her ballet of light and magic filled the aerial dance
her nostalgic journey and attraction for water
carried her, mesmerized, to the Caribbean
and there she contracted the cumbia*

*Her nights were a festival of lights and stars
the Sun awakened her each morning with a kiss
and flew happily among the flowers*

*One afternoon, she flew to the Pacific and was overcome
anew by melancholy for its waters, its grey beaches,
and sunsets that told pirate stories
she felt sad and empty*

*Luna Sabrina drifted in the wake of a humpback whale
and she was lost forever, they looked for her in vain
to the four corners of the world*

"Luna! Luna…! Fairy of the Sea and the Waters…!"
an orchestra of indigenous children
sang in the rain for the sad lady
who departed this world without warning

Her older brothers of the Sierra Nevada, los Mamos,
built her a house in the air for whenever she returned:
"Beaming girl, swimming crazily like a mermaid!
under a night of the full moon,
you will dance eternally!"

Molinos de viento

A veces pasa que el amor se acaba cruzando la puerta
o subiendo un témpano de furia infinita
nos lastima el alma
estalla en milésimas lo que fue sublime
sin hacer escándalo y quedamos simples…
se apagan las luces y se va sin venias
el amor de antaño

A veces también se mantiene
colgando de un hilo invisible
sin mucho entusiasmo se vuelve un juguete roto que
va deambulando sin sabor alguno entre el desatino
pasa que se va y vuelve sólo por instantes para
comprobarnos que ya no te antoja ni un solo suspiro

A veces pasa que está malgastado entre tanta entrega
te cansas de dar sin recibir nada hermoso a cambio
y aún sospechando que todo es en vano
insistes en esta quijotesca aventura

A veces también te sucede que no pierdes los ánimos y
luchas para que sea tu mayor fortuna,
luego en ti descubre
que el honor del amor es total delicia,
sublime locura que evoca
luchar contra molinos de viento sin temor al fracaso

Windmills

Sometimes it happens,
that love goes right out through the door,
or, in climbing an ice floe of infinite rage for it,
it shames your soul
and, shattering in a thousand pieces,
that which was sublime and
free of scandal leaves you single —
the lights go out, and it leaves
without your consent
to transform into the love of yesteryear

Sometimes it stays, hanging by an invisible thread,
and without enthusiasm it turns into a broken toy that
wanders around aimlessly,
having lost all flavor in the nonsense
it so happens that love abandons you;
it returns only for moments to confirm its loss,
and you don't even feel like voicing a single sigh

Sometimes it happens,
that love is squandered by so much betrayal that
you get tired of giving
without receiving anything beautiful in return and,
even suspecting that all your efforts
are being made in vain,
you insist on pursuing this quixotic adventure

Sometimes it also happens,
that you keep your spirits alive and fight
to make love your greatest fortune,
then in yourself you discover
that the honor that love bestows on you
is the purest, most complete pleasure
for love is the madness that calls us
to tilt against windmills,
and to tilt against windmills without any fear of failure

II

Navegando océanos
Navigating Oceans

Regalo Griego

Existen días donde juegan los dioses
con los mortales durante sus horas de ocio
y las diosas acuden a clases de artes dramáticas.
En el cielo una luna llena enmarca la escena

Eros escapa como un loco de atar por la ventana
corre por todo el pueblo envuelto en una sábana.
Es un loco de amor, murmuran las muchachas,
es un fantasma en pena aseguran los hombres

Apolo se percata que algo raro pasa,
saca el arpa para aclarar su pensamiento.
El apuesto dios de pelo ensortijado afila las armas
mientras canta intuyendo el Elixir de Amor

Eros alcanza el corazón de Apolo con una flecha,
y se enamora locamente de una ninfa que huye.
La noche transcurre, la bella se transforma, él derrama
una Furtiva Lágrima; todo parece una tragedia de ópera

Existen desde entonces en el amor los dramas
los dioses conquistan ninfas, y caen flechados.
Los poetas y los músicos son laureados por las musas
y los mortales que juegan a ser dioses, arman la de Troya

Greek Gift

There are days where the Gods play
with mortals during their spare time
and the Goddesses take dramatic arts classes
while in the sky a full moon frames the scene

Eros escapes like a fugitive madman by the window
he runs around the village wrapped in a sheet
"He is crazy in love," the girls whisper
"He is only a phantom in pain,"
the men try to dissuade them

Apollo notices that something strange is happening
he takes out his harp to focus his thoughts
while the handsome God with curly hair
sharpens his weapons
he sings, divining his Elixir of Love

Eros pierces the heart of Apollo with an arrow
and he falls madly in love with the fleeing nymph Daphne
The night flows on, the beauty transforms,
he cries a Furtive Tear
as the scene transforms into an operatic tragedy

Since then there have been dramas of Love
where the gods conquer nymphs, felled by the arrows of Eros
poets and musicians are laureated by the muses
and the mortals who play at being Gods
invite in their very own Trojan Horses

Eva

Hay un abismo de soledad
del que intento salir airosa como un iceberg
que flota en un mar gélido de indiferencia…
El sol besa a cuentagotas mis senos en el huerto

Soy efímera y creo todavía
que las cigüeñas traen los niños
y que un ratón se lleva los dientes de leche
dejando un tiquete de circo bajo la almohada

Soy la soñadora, la bruja en la escoba
según el son al que me toquen bailo.
Somos las malabaristas de
nuestra propia historia

Hay un abismo de silencio que me agobia.
Muerdo entonces la manzana
alborotada de hormonas y fiebre
tomo un baño de flores y valeriana

En el Edén no hay carnavales
ni fiestas de noche
nadie me saca a bailar
no hay canciones de amor
ni poesía romántica…

Salto de la cocina a la cama
luego de la cena al fregadero
se repite el ciclo de no ser más
que una empleada sin sueldo
una costilla simple y demacrada
…¡es la misma cosa!

Adán se hace el de la vista gorda
se lava las manos y nada dice,
camina insensible
¡Es un indolente! -murmura la dama-
el que juega a ser la víctima
en toda esta trama.

Eve

There is a chasm of loneliness
from which I wish to emerge like an iceberg to the air
that floats in an icy, frigid sea of apathy...
the sun kisses and bastes my breasts in the garden

I am ephemeral and I still believe
that the storks bring the babies
and that a mouse carries away their milk teeth
leaving a circus ticket under their pillows

I am the dreamer, the witch on the broom
the swing rhythms play me, and I dance
we are expert jugglers
of our own histories

There is an abyss of silence that threatens to overwhelm me
I bite at the apple
excited by hormones and fever
I take an herbal bath

In Eden, there are no carnivals
nor night spots
nobody takes me out to dance
there are no love songs
nor romantic poetry...

I jump from the kitchen to the bed
after dining, standing at the sink
the cycle of not being enough repeats
an employee without a salary
a foolish and discarded rib
…it's just always the same thing!!!

Adam turns a blind eye
he washes his hands and says nothing
he walks indifferently, indolently, an uncaring man
who plays at being the victim in this myth.

Ajeno

Nada es tuyo porque todo emerge,
viene y va como las olas del mar
furia en tempestad, después llega la calma
como el día y la noche
hay tiempo de luz y de sombras

Llueve y me besa en el rostro la lluvia
para confundir mis lágrimas
y ya no ser más las mías,
ni aún tu corazón me pertenece
más que en el propicio instante de la entrega

Todo es ilusión que desvanece
se idealiza o se borra en la memoria
Ajeno es el mar, con todos los peces
o la diaria aventura de las gaviotas que vuelan
donde el viento las lleve, sin marcar territorio

Te prestan la vida tan solo un instante
es ajeno el sol que fecunda los campos
sin que sean de nadie los pájaros, las flores,
los gusanos de seda o un panal de abejas.

Ajeno el amor que toca a tu puerta…

Oblivious

Nothing is yours because everything bursts forth
coming and going like waves in the Sea
the tempest rages before settling into calm
as with day and night
there is a time for light and a time for shadows

It rains, and the drops splash my face
confusing my tears until
they are no longer mine,
not even your heart belongs to me
beyond the cherished moment of surrender

Everything is an illusion that vanishes
next to be idealized in or erased from memory

Oblivious is the Sea, focused on all its fish and
the daily adventures of the seagulls that fly
wherever the wind carries them,
without marking territory
they lend you Life for only a moment

Oblivious is the Sun that fertilizes the fields
without belonging to anyone: the birds, the flowers,
the silk worms, or the bee's honeycomb

And Oblivious is the Love that knocks at your door…

Camuflaje

Entre un par de universos me confundí
hasta perder mi ser en tu aventura
como el ángel del cuento que cayó en el patio
perdí el libre albedrío y mi ruta de vuelo

Te amé sin compromiso como quien vive un rato
lanzando la moneda al breve instante de tu nombre
en el pozo de la dicha de un ocaso
me diste el color y camuflaje del amor
en todas sus facetas

Hoy hay huellas mías en tus pasos
vas como mi sombra a todos lados,
te tomo de la mano mientras te deshaces en lluvia
y un pétalo de rosa olvidado cae de un inédito libro

En otra dimensión desconocida te hallo
de nuevo oculto en las manos de un alfarero,
en un loco que deambula por los siglos
te percibo en la mirada triste de mi perro

Y me convierto de nuevo en follaje
en la constante agonía de un amor inalcanzable
que se evoca en la voz de una guitarra o en el digno
descenso de una pluma que cae lentamente
y sin hacer ruido besa la tierra

Camouflage

Between a pair of universes I grew confused
and lost myself in your adventure
like the angel of myth who fell in the yard
I lost my free will with my flight path

I loved you without condition,
as one who lives a short while
tossing a coin in the brief instant your name is mentioned
in the Well of Bliss at sunset
you gave me the color and camouflage of love in all its facets

Today there are traces of me in your steps
you come with me as my equal at all times
I take you by the hand as you melt into rain
and a forgotten rose petal falls from an unpublished book

In some other, unknown dimension I find you again
hidden as in the hands of a potter
like a madman wandering across the centuries
I perceive you in the rueful look my dog gives me

And I turn again into foliage
in the incessant agony of unattainable love
evoked by the strumming of a guitar, or
in the worthy descent of a feather
falling slowly, soundlessly, to the Earth

Amalgama

Hay un abismo en que a veces caemos,
una especie de bruma que adormece los sentidos
somos entonces un déjà vu del destino…

Se busca en el fondo de lo que llaman alma
y no acuden voces, no se escucha nada
se pierde la brújula, el norte, la meta anhelada

Vamos por el mundo flotando
en alta mar como marejada
desecho que de mugre invade, cristalinas aguas
todo alrededor se ha vuelto penumbra

Luego cuando nadie espera de ti algo bueno,
asoma alborotado un lúcido entusiasmo
agita sus alas desde la distancia

Cerramos los ojos no queremos verle
somos y no somos los mismos de antes,
los mismos de siempre, es una divina parodia

Salimos del vientre y ya hemos sido
una efímera aleación de sangre y polvo
C'est la vie es una excusa que duele
y hay que repetir este curso…

Amalgam

There is an abyss into which we sometimes fall
a kind of mist that numbs the senses
and we are then in a dèjá vu with Destiny…

We search in the depths of what some call the Soul
we cannot speak, nor hear a sound
for we have lost our compass, rudderless to reach our
desires

We traverse the world, floating
on the High Seas like toxic waste
that pollutes the pristine, crystalline waters
while our surround sinks into gloom

Then, when no one expects any more
a lucid eagerness stirs in you
flapping its wings from a distance

We close our eyes, for we do not want to recognize it
we are, and we are not, as we were before
same as always, transfixed in our divine parody

We left the womb and we have already been
an ephemeral alloy of blood and dust
C'est la vie, it's a painful realization
that we must repeat this course all over again…

III

Mares de oscuridad
y tormenta
Rough Seas of Obscurity
and Torment

Fantasmal

Esta noche de aromas y relámpagos
donde cabe un fantasma en el humo de un cigarro
y una fiesta de lobos que cortejan a una luna llena
te veo deambular como un loco en una flor de loto

Esta noche de susurros del presente y el pasado
te ahogas en sollozos y lágrimas
que no asoman en tus ojos
como un grito mudo nadando en arenas movedizas
vas sin destino fijo, saltando en zigzag un laberinto
de amores desterrados…

Esta noche está callada, no hay tonos ni notas
se esfumó el encanto de tu propia historia
ya perdiste el rumbo, vas de cama en cama
en mundana aventura tienes las siete vidas
de un gato en el tejado

Esta noche un puñado de voces recorre los
cuartos vacíos de tu enorme casa
Buscas tu silueta dibujada en la sombra,
el espejo refleja tu antigua figura
de dios de ceniza y barro…
una risa burlona se escucha en la distancia

Ghostly

This night of aromas and lightning
where a ghost appears in the smoke of a cigar
and a party of wolves court a Full Moon
I see you wandering like a madman in a lotus flower

This night of whispers of the Present and the Past
you drown in sobs and tears that do not rise to your eyes
like a silent scream, drowning in quicksand.
you go with no fixed destination, zig-zagging thru
a labyrinth of banished loves…

Tonight is silent, with neither tones nor notes
the charm of your story gone up in smoke
you've lost your way, jumping from bed to bed
in your mundane flings you live
the seven lives of a cat on a hot tin roof

Tonight a fistful of voices traverse the
empty rooms of your vast estate
you search for your silhouette drawn in shadow
the mirror reflects your ancient figure
a god of mere ash and clay…
as a mocking laugh rings out in the distance

Volátil

Vuela y busca hombres de barro,
en el rincón oscuro de tu alcoba
mientras un sueño vagabundo
de alquitrán y magia
te indique el árido camino…
te muestre la entrada…

Vuela sin alas en el mundo
de tristes payasos que sonríen
su patética actuación de temporada
todos tenemos boletos
en primera fila…

Somos las estrellas de este circo
al que le llaman vida

Volátiles transcurren las horas y pasan los días
transcurre la danza de las mariposas,
que vestidas de colores,
les ponen el alma a los girasoles
que crecen en campos baldíos

Puedes equivocarte de rumbo
Y, sin embargo ser semilla…
o cambiar la escena del destino
mientras detrás de bambalinas
te burlas de ti mismo…
Cuando corran el telón
la función habrá acabado

Volatile

Fly and look for the men of clay,
in the dark corner of your bedroom
while an errant dream of pitch and magic
guides you along the gravelly path
and shows you the entrance…

Fly without wings all over the world
of sad clowns who smile thru their tears
and their pathetic seasonal performances
…and we all have front-row tickets

For we are the stars of this circus
which we call Life

Volatile, the hours pass and the days go by
the dance of the butterflies commences,
who, vested in colors,
breathe soul into the sunflowers
that grow in barren fields

You can go off course and yet remain a seedling
or change your goal and your destination
while behind the scenes, making fun of yourself...
for when the curtain goes down
your performance will be over

Sospechas

A veces se vive muriendo o se muere viviendo…

No se alcanza a definir en dónde perdemos el hilo,
pendemos de un cordón umbilical
que nos ata y mantiene en éste juego obsoleto

Para morir basta un suspiro que evoque la noche,
un puente a la magia
que nos revela todo desde afuera,
como el espectador observa la escena de teatro

A veces se vive en amnesia o perdemos el rumbo…

Una gota del vino de vida nos embriaga,
o es suficiente para mantenernos en vilo
una noche entera
asoma la mañana y somos solo olvido

Dónde está la esencia de todo este encanto
A veces lo intuyo o lo ignoro, según el caso…

Suspicions

Sometimes we live while dying, or we die while living...

We cannot identify where we lost the thread
as we hang from an umbilical cord
that tethers us to this obsolete game

To die, a sigh that summons the Night is enough
a bridge to magic that reveals everything to us
from outside, like a spectator observing a theatrical scene
sometimes we live in amnesia or we lose our way...

When a drop of the wine of life can intoxicate us
or can be enough to keep us in suspense all night
Dawn comes and we forget again

Where is the essence of all this charm?
sometimes I can intuit it or just ignore it
depending on the context

Juyá

Cuando la lluvia cae y huele a tierra mojada
se inunda el aire de nostalgia
germinan los amores
se extraña al que se fue
nacen las canciones de amor y de cuna
un vals de fondo suave arrulla al mundo
en un concierto de gotas tristes y serenas

Cuando la lluvia cae hay fiesta y algarabía
las gotas presurosas taconean en el techo
secretos en clave Morse,
bailan flamenco con la pasión de una manola,
a voces de trueno en la inmensidad del cielo
¡reclaman!, ¡protestan a cántaros! hasta dejarte sordo

Cuando la lluvia cae, un invisible pacto de armonía
te inunda el pensamiento.
Una llovizna leve brinda la paz en tu casa,
se viste la noche de nostalgia,
un barco de ilusiones pintadas se desborda
y desvanece con tus lágrimas mientras
un náufrago de amor se ahoga en tus aguas

Cuando la lluvia cae, los niños alegres corren
desnudos bajo su húmedo manto
libre en los barrios, en las plazas y los campos
moja a los pobres y a los ricos sin distinción de raza
desciende desde el sagrado origen de los cielos
a refugiarse en los océanos, creadora y destructora
según la intensidad con que los vientos la guíen

Cuando la lluvia cae….
Cuando la lluvia cae, todo puede pasar

Juyá

When the rain falls, and smells of wet earth
flood the air with the fragrance of nostalgia
love germinates
and I miss the one who left
lullabies of love and of the cradle are born
a background waltz whispers sweet nothings to the world
in a concert of sad, serene dewdrops

When the rain falls, there is partying and rejoicing
the rushing, rapid drops pelt the roof
telling secrets in Morse Code
they dance flamenco with the passion of a Manola
to voices of thunder resounding in the vastness of the sky
Demand! Protest by the pitcherful! Until it makes you deaf!!

When the rain falls, an invisible pact of harmony
floods you with thought
a light drizzle softly rocks your house to sleep
dressing the night in nostalgia
as your ship of painted illusions overflows
and vanishes with your tears as
a castaway from Love drowns in your waters

When the rain falls, cheerful children run
naked under its damp cape
free in the neighborhoods, in the squares, and in the fields
soaking poor and rich alike, regardless of station
descending from its sacred origin in the heavens
to take refuge in the oceans, both Creator and Destroyer
its intensity driven by the prevailing winds

When the rain falls…
When the rain falls, anything can happen…

Florecer Perdido

Ya no insisto más en ganar tu amor
me rindo ante la frívola pared que has construido
seremos tristes mariposas
que fabricaron sonrisas de seda en el estiércol,
mientras tejía una trenza en tu larga cabellera de niña
y jugábamos a las escondidas por varios lustros.

Ya sé que devoraste un campo de amapolas
y triste te amparas en otros errores que no son los tuyos,
ya sé que te duele como a mí la sombra,
del rencor que anidas en tu alma rota.

No busques culpables, de ellos está hecho el mundo
no soy el verdugo ni la mala hierba, el caos de tu historia;
puedes inventarte todas las excusas
ahoga el amargo sabor de mi recuerdo,

Bórrame del mapa, quítame el olor a azufre
o ponme otro vestido
átame en el fondo de tu rabia
¡Olvida mi nombre! ¡Tíralo al abismo!

Haz todo lo que quieras y luego mírate al espejo…
tal vez allí encuentres una niña sola,
que llora en silencio temblando de miedo…
¡Consuélala, reinvéntate y renace como la primavera!

Lost Blossom

I no longer insist on winning your love
I surrender to the frivolous wall you have built
we will go on, as distressed butterflies
who have fashioned silk smiles in the dung
while weaving long braids thru your long, girlish hair
and playing hide-and-seek thru the decades

I know you wolfed down a field of poppies
and lament how you seek refuge in others' dysfunctions
I already know that you suffer like me
in the shadows of the rancor
that you nest in your broken soul

Do not look for culprits to blame, for the world is full of them
and I am your tormentor, your weed,
the chaos of your history - you can make up any excuse
to choke out the bitter taste of my name, my existence

And delete me from your map
exorcise the smell of sulfur and
dress me anew, bind me to the depths of all your rage
Forget my name! Throw it into the Abyss!!

Do whatever you want, and then take a look in the mirror
perhaps there you will find a lonely, frightened little girl
who cries in silence, trembling with fear
console her, revive her, and be reborn like the Spring!

IV

Reaparece el amor
A Dream Long Discarded,
True Love Appears

Escape

Arde el fuego y vuelo solitaria
fugaz es mi existencia
no sé si he nacido
o si sueño otra vez.

Etérea me busco cayendo cada segundo
como en un reloj de arena,
lentamente me abandono…

Soy leña, canción melancólica que suena
en las esquinas de una patria antigua
mientras el mar agita mis aguas
lloro como un río
para fecundar un huerto.
Me aferro al amigo
y veo en sus ojos parte de los míos.

Te siento palpitando en mi corazón
con voz de luna o nota de guitarra.
Como una pompa alegre levito en el aire
corta y simple mi vida trasciende
Esta noche arde el fuego y no somos nada

Escape

Stinging fire and lonely flight
fleeting is my existence
I do not know if I was born
or if I am dreaming again

Ethereal, I see myself falling by the second
like grains of sand thru an hourglass
I slowly abandon myself…

I am firewood, a melancholy song that chimes
in the corners of the ancient homeland
while the sea stirs my waters
I cry like a river to fertilize a garden
I cling to a friend and see myself in his eyes

I feel you beating in my heart
with the rhythm of the tides or a guitar's chord
like a cheerful bubble, I levitate into the air
short and simple, my life transcends the fire
This night the fire stings but we are nothing

Suspiros

Me he esfumado entre la arena
escribiste allí mi nombre de otoño
pensando en que quizá haya dejado huella en tu vida

Desde el otro lado de la luna te he visto,
como el niño que creció en su cueva oscura
y un día de sol salió a conquistar el mundo
mientras guardaba dinosaurios y juguetes
en el cajón del olvido

Me he vuelto agua para correr entre tus dedos
y escapar del fuego de tu risa,
he sido pan en tu boca,
néctar de flor, cosecha de uvas y más aún he sido el mar
en que evocas el amor en la memoria…

Voy llevando entre la cuenta de los días
el olor bendito de sus noches,
una guirnalda que cuelga de un río,
tres cartas de amor inevitable
un rosario de amapolas en los rincones de tu patria
dos océanos en mis ojos,
un fértil valle donde crecen las orquídeas
y en los remos de mi piragua…nuestra historia.

Sighs

I have vanished in the sand
you wrote my autumn name there
thinking maybe I had left my footprint on your Life

From the dark side of the moon I've seen you
like the child who grew up in his gloomy cave
who, one sunny day, went out to conquer the world
putting aside his dinosaurs and toys in the drawer of oblivion

I have returned as water to run through your fingers
and escape from your fiery laughter
I have been bread in your mouth,
a flower's nectar, a harvest of grapes, and
I have even been the Sea
in which you call up Love from memory

The sacred scent of nights carries me
thru countless days...
a garland hanging over a river
three inescapable love letters
a rosary of poppies from the reaches of your homeland
two oceans in my eyes
a fertile valley, where the orchids grow
and in the rowing of my canoe...our history together.

Anhelo supremo

Soy el viejo prematuro que olvidó el rumbo
de los besos
y los atajos de la aurora

He caído en el abismo inmenso de un huérfano
y manejo el amor según se pose la noche en tu casa
de fiesta a todas horas

Soy la luna que observa silenciosa la obra
de los mimos y las mariposas flor de un día,
me abrigo en la noche cuando aúllan los lobos

Soy tu sombra,
un verso tatuado en tu vestido de estrella solitaria,
que deambula entre ágiles olas

Y soy el silencio de tus ojos inunda los ríos de nostalgia,
una leve sonrisa se posa en tu cara plácida,
como el niño que duerme después de ser
amamantado por nodrizas del Olimpo

Supreme Longing

I am the presenile old man
who forgets the target of his kisses
in the devious blinding lights of the Dawn

I have fallen into the immense abyss of the orphan and
I steer my love by how Night has settled
in your festive home at all times

I am the Moon that silently observes the work
of the mimes and the butterflies' flowers by day
warmly sheltering by night when the wolves howl

I am your shadow, a verse tattooed on your lone-star vest
wandering between nimble waves

And I am the silence of your eyes
releasing flooding rivers of nostalgia
a mild smile graces your pleasing face
like the child who sleeps after breastfeeding
with the wet nurses of Olympus

Camaleón

Cómo te transformas,
de inocente beso a ágil mariposa
de niño mimado a hombre Casanova
de narcótico sueño a erguida amapola

Cómo te transformas,
de piel de salvaje a encantador delirio
de música para mis oídos:
a voz silenciosa

Cómo te transformas,
alegre pecesito nadando en todas mis aguas
o en delfín rosado del Amazonas
De lunático a mendigo, de vino a perfume
de instante a infinito placer de todas mis horas
me transformas en un suspiro que evoca tu boca

Cómo me transformas
de simple aventura
a bálsamo erótico
de exótico gesto
a existencia pura …

¡Oh! Amor de mi vida, ¡cómo me transformas!

Chameleon

How you transform,
from an innocent kiss to an agile butterfly
from a spoiled little boy to a Casanova
from a narcotic dream to an upright blooming poppy!

How you transform,
from wild skin to enchanting delirium
of music to my ears
with your silent voice

How you transform,
little fish, swimming in all my waters
or a pink dolphin in the Amazon
from lunatic to beggar, from wine to perfume
from an instant to the infinite pleasure of all my hours
you transform me into a sigh that evokes your kisses

You transform me
from a simple adventure
into an erotic balm
from an exotic gesture
into a pure life…

Oh! Love of My Life, how you transform me!

Cósmico

Júpiter,

Me rindo a ti como una diosa cualquiera
que no indaga y solo
va a la cita con los ojos vendados,
quiero seducirte esta noche de una vez por todas…

Abrígame como la luna, dame un beso
de Neptuno mientras cierro los ojos
y un eclipse de sol
nos llene de pasión volátil los espacios

Quiero olvidar mi nombre
de las galaxias de los hombres
donde ya no acuden los dioses a sus quejas de niños
ni llegan los ángeles a sus ceremonias…

Permíteme amarte sin límites humanos,
ser el perfume de amor que prefieran las flores
y el cuerpo del vino que embriaga tu ocaso

Tuya siempre, tu loco amor de cada siglo,

Venus

Cosmic

Jupiter,

I surrender to you as would any Goddess
who does not inquire but comes to you blindfolded,
I want to seduce you tonight once and for all…

Open me tonight like the moon,
bestow me a kiss from Neptune as I close my eyes
as our eclipse fills all space with volatile passion

I want my name erased from the galaxies of men
where the Gods no longer dote
on their children's complaints
nor do the Angels visit upon their ceremonies…

Allow me to love you beyond human limits,
to be the perfume of love flowers most prefer
and the body of wine that most intoxicates your sunset
Forever, your crazy love renewed every century,

Venus

Herencia

Te miro de soslayo y sonrío
porque veo reflejada en tu vida parte de mi historia
aún sigues siendo el niño travieso de ojos alegres
que se asoma a la vida con el esplendor de la aventura

Me brindas entonces tu sonrisa y
te ofrezco un abrazo eterno
que permanezca el tiempo necesario
mientras los años pasen
como ovejitas de una noche de insomnio…

Te miro con la fe de tu grandeza,
lleno de orgullo transito tu trayectoria de estrella
confiando en que el amor te dé alas suficientes
para alcanzar la plenitud de hacer las cosas

Poniendo el corazón en cada empresa
con el alma limpia
honesta la pasión con la que juegues
cada escena de tu senda
te miro con la frente en alto
seguro de que lograrás todo lo soñado

Con las virtudes que te adornan, más las que adquieras
como el héroe que derrota villanos o fantasmas
con escudo y coraza,
palabras poderosas y saltos osados
siempre sin hacerte o hacerle a alguien daño

Te miro y se me ensancha el pecho de gratitud
por toda tu existencia y lo que queda de la mía
ahora tú me observas de soslayo y
me ves con otros ojos
mientras deshojas margaritas y
seduces un mundo entero

Legacy

I cast you a sidelong glance and smile
because I see my story reflected in yours
but you're still the bright-eyed mischievous child
who presents in Life at the peak of adventure

And then you give me your smile
and I offer you an undying hug that freezes time forever
so the years may pass like sheep in a sleepless night…

I look at you with faith in your greatness
full of pride, I track your star's trajectory
trusting that Love will give you ample wings
to reach the summit after great efforts

Putting your heart in every pursuit with a pure spirit
an honest passion that accompanies you along your path
I look out for you with my head held high
sure you will achieve all you have dreamt

With the virtues that adorn you, plus those you will acquire
as does the hero who defeats villains or specters
with shield and breastplate, mighty words and daring leaps
always without doing yourself or any other harm

I see you and my chest swells with gratitude
for all of your existence and what remains of mine
And now, you cast me a sidelong glance
And see me thru new eyes
As you strip the petals off daisies
and seduce an entire world

V

Conexión natural
To Rejoin the Natural World

Nuestra casa

Allí bajo el techo rojo del barro
con que hizo Dios los hombres
esa casa inmensa en la que hoy
quieren hacer un condominio
yacen los restos de la vida entera de nuestra familia
allí en la cocina se preparaban
las recetas de la abuela,
la risa era el pan nuestro de cada día
también la pelea por tener turno en el baño

En esa casa tibia en la que una gotera había cedido tanto
que se alcanzaba a tocar el cielo
se lavaban los trapos sucios para exorcizar
las penas y los fracasos, con
un abrazo, algún consejo o solo con ponerse en los
zapatos de otro

Allí nació Victoria y las niñas de la casa
Carolina, Micaela, Evelyn y Lorena florecieron en mujeres
los pequeños Nicolás y Daniel
se mecieron en la hamaca grande
como en una canoa en aguas del Magdalena donde
se formaron los hombres
de hierbas y corazón, David y Eduardo

Allí en la casa que era de todos refugio
se curaron los males del mundo
con jarabes de moras silvestres,
amor, valeriana y vapores de eucalipto…
Nuestra casa común con cuatro paredes
que eran las fronteras de nuestro mundo y que
defendíamos como fieras bajo un mismo territorio
crecimos con las ropas y se formó nuestra historia

También en la casa se pudo comprobar el milagro
de la multiplicación de los panes y los peces
cuando una multitud llegó a ver el partido de fútbol,
con una puerta amplia como un horizonte
que se abrió de par en par para que entraran todos

En esa casa nuestra, donde hoy ya no vivimos,
se han quedado musitando en una telaraña…
el polvo de los muebles raídos y todas nuestras memorias
colgando en vilo y
un viejo diario tirado en el olvido…

Our House

There under the red roof of the clay
with which God made men
that vast house where they want
to make a condominium today
lie the remains of the entire life of our family
there in the kitchen were prepared
the recipes of our grandmother
laughter was our daily bread, as was
fighting over one's turn in the bathroom

In that warm house where a leak
in the roof had grown so great
it seemed you could reach up and touch the sky
and dish towels were washed to exorcise
the hardships and the failures,
with a hug, some advice, or just
putting on one another's shoes

Victoria was born there, and the girls of the house,
Carolina, Michaela, Evelyn and Lorena,
blossomed into women
the little ones, Nicolas and Daniel,
were rocked in the big hammock
like it was a canoe floating down
the waters of the Magdalena

and there grew
men of spice and heart, David and Eduardo

There in a house that was a refuge for us all
the evils of the world were healed
with medicinal potions of wild blackberries,
Love, and sharpleaf valerian and eucalyptus steam...

Our common house of four walls
that were the frontiers of our world, and that
we defended like a pack of feral beasts
sharing the same territory
the clothes changed as our history was formed

Also in the house, the miracle could be verified
of the seven loaves and fishes
when a multitude came to watch the football game
with a door as broad as the horizon

A door open wide enough for all to enter
in that house of ours, where today we no longer live,
there have been whisperings in a spiderweb and in
the dust on the ragged furniture, with all our memories
and history hanging in suspense, beside
a discarded diary thrown into Oblivion...

Te extraño

Te extraño, aún sin irme
se llena el alma de nostalgia
y miro hacia el cielo para soñar que no hay distancia

Te extraño, aún sin irte
lloro tu partida
como los árboles extrañan la lluvia en el verano
o como las flores que no son,
sin el aroma de su piel delicada

Te extraño, en la voz de las canciones,
en la calle solitaria donde residen los fantasmas
o en el café que se huele en las mañanas

Te extraño, en el sabor etéreo
de un beso que cruza la memoria de las sábanas…

Te extraño, con la noche y con la madrugada,
como cuando un niño crece
y extrañas ver su plácido aroma de infancia

Te extraño, por el ayer, por el hoy y el mañana

I Miss You

I miss you, without even leaving
my soul teems with nostalgia
as I look up to the sky and dream there is no distance

I miss you, even without you leaving me
I cry for your absence
as the trees lament the rain in summer
as the flowers that live undeprived
of the scent of their delicate skin

I miss you, in the voice of songs,
in the lonely streets where ghosts reside
and in the aroma of my coffee by morning

I miss you, in the intangible taste
of a kiss straddling the memory of our bedsheets…

I miss you, by night and by dawn alike,
as when a child grows
and you miss her innocent childhood scent

I miss you, for yesterday, for today, and for tomorrow

Amarte

Amarte hoy es diferente que buscar
en el bolso las llaves del destino
o atravesar las calles del mundo y
descubrir un trébol de cuatro hojas…

Amarte hoy sin distancia,
es dibujar en el cielo inmenso de la duda
un arco iris de posibilidades que
sólo quedarán en la memoria…
como el olor del mar inalcanzable
o el color de la tarde que arrebata las horas
despeinando en un soplo de brisa la calma del espíritu

Amarte hoy es contemplar la diaria oferta
de vivir enamorado en un instante y después
caer en el abismo del beso fulgurante,
o la encrucijada de creer en tus palabras de mago
que hoy prometen y mañana se confunden
como un truco eterno y una varita mágica
que te convierte en una paloma que escapa solitaria…

Amarte hoy no es amarte porque
cruzamos un mutuo puente de nostalgias
y amores que no amaste y te amaron, o viceversa
tampoco como el pez que nada en círculos
o el camarón que duerme confiado entre las aguas
es una paradoja del tacto a la mirada
amarte…solo amarte

Loving You

*Loving you today has changed from searching
your bag for the keys to destiny
or traversing the streets of the world
and discovering a four-leaf clover…*

*Loving you today without distance, is as drawing
in an immense sky of doubt a rainbow of options
to remain only in memory…
like the smell of the unattainable sea
or the color of an afternoon that snatches the hours
tousling with a breath of breeze my once-calm spirit.*

*Loving you today is to indulge in the daily chance
to abide in Love one instant and the next
falling headlong into the abyss of the stunning kiss,
or the dilemma of believing in your hypnotic words
that today's promise and tomorrow's
confuse like an endless riddle
and a magic wand that transforms you
into a solitary dove…*

Loving you today is not loving you because
we can cross a bridge of mutual nostalgia and lost loves
you did not love as they loved you, or vice versa,
nor like the fish that swims in circles, nor like
the shrimp that sleeps entrusted among the waters
but it is a paradox of
the touch of my glance
which loves you, and you alone

Thunder

A mi perro de ojos nobles le arrojo un hueso
que puede roer con el mismo sabor
con el que él saluda cada amanecer al ritmo de su cola
y con el que me espera cada noche, eufórico en la puerta

Él cautiva a los niños que juegan
a ser adultos para que lo mimen
y olviden jugar a las escondidas mientras crecen
incluso cuando sus padres reviven
el amor juvenil por las mascotas,
lamiéndonos hasta el final de la existencia

A Thunder con su risa a lengüetazos y
lealtad a toda prueba le dejo
mi manta favorita para que sacuda
sus pulgas reales o imaginarias y
lo dejen dormir, mientras sueña
con la tranquilidad del deber cumplido
queriendo masajes para aliviar
el afán salvaje de sus días

Para mi amigo de aliento celestial y afectuoso,
de ojos omniscientes que son testigos de todo, le concedo
un collar galáctico, desde sus primeros pasos
en los prados de Steamboat en abril,
hasta las huellas en la nieve de Aspen en febrero

Seguramente él me traerá mis zapatos raídos, su correa,
o la pelota de tenis perdida entre su hocico mojado,
a mi perro, hambriento de aventuras persiguiendo
gatos hasta el exilio
le confío mi vida y mis secretos más profundos

Pero hoy se acuesta, es su último día y los dos lo sabemos
Thunder dice adiós para siempre
nuestros ojos se cierran
en una singular mirada eterna y definitiva
y exhala su alma en su final aliento…

Thunder

To my noble-eyed dog I throw a bone
that he can gnaw with the same gusto
as he harkens each dawn with the beat of his tail
and as he awaits us each evening, euphoric at the door

Captivating kids to play as grown-ups
to feed and water him
and forget their hide-and-seek game
of just moments before
even as their parents relive the youthful love of pets
As my hyper dog laughs, licking us to death

Thunder is trusty beyond doubt
so I leave my favorite blanket
so his real or imaginary fleas may let him sleep
and he shakes, while unconscious,
still wanting a massage
to relieve the wild eagerness of his days

To my friend with his celestial, affectionate breath
and his magical, omniscient eyes
that witness all, I bestow
a galactic collar, from his first runs
in the Steamboat Springs meadows of April
to his last in the Aspen snows of February

He will surely bring my threadbare shoes, his leash,
or a lost tennis ball clenched in his wet muzzle
to my dog hungry for adventure, chasing cats into exile
I am sure he would give his Life
for mine and to guard my deepest secrets

But today he lies down, on his last day
Thunder says goodbye forever
Our eyes lock in a Singularity, an eternal, ultimate gaze
and he exhales his Soul in one final, deepest breath

Oda a la guanábana

Erase una vez la noche y yo dormía
me despertó el sonido de una guanábana que caía,
exhaló un suspiro denso y voluptuoso
como una mujer que se entrega al amor
sin más preámbulo cuando está madura.

Estaba ella, la guanábana, desvestida
se rompió su traje verde militar en la estampida
descubierta y sin poder evitarlo
estaba fresca y perfumada como una parisina.

De niño yo imaginé, al descubrir sus semillas,
que eran piedritas de río conservadas
en algodón de azúcar
perlas negras en capullos de mariposas blancas
o un ejército de ébano camuflado en
suave delirio de paz en pétalos de rosa.

Noble y dispuesta como todas las frutas
exótica y húmeda como el trópico,
la guanábana buscó refugiarse en el solar
de nuestra casa, mientras discretamente
crecía soberana y su alma de color inmaculado
perfumaba la noche.

Ode to the Guanábana

Once upon a time by night as I slept
I was awakened by the sound of a guanábana falling
she exhaled a dense and voluptuous sigh
like a woman who gives herself to love
with no more notice when than her ripening.

There she was, the undressed guanábana
she tore her military green suit in the stampede
and she could not help it
she was refreshed, perfumed like a Parisian.

As a child I imagined, upon discovering its seeds,
that they were preserved river pebbles
in cotton candy
black pearls in cocoons of white butterflies
or an army of ebony camouflaged in
the soft delirium of peace in rose petals.

Noble and willing as all fruits
exotic and humid like the tropics,
the guanábana sought refuge in the terrain
around our house, while discreetly
she grew sovereign, and her soul of
immaculate color perfumed the night.

Oda al sancocho

Se abre una invitación al pronunciar tu santo nombre
y acude una muchedumbre de algarabía
en el rincón donde acomodemos risas,
leña, carbón y sazón para armar
la fiesta inmensa, que quepa dentro y fuera
de una olla grande

Hemos acordado llenar de sabor y alegría
con los sabores de las tres carnes
se juntan el pollo, la res y el cerdo

Llega su majestad, el plátano,
a ocupar el puesto que le merece
su excelencia vestido de verde
de majestuosa textura
firme y con carácter que evoca la elegancia de sus hojas

María le agrega el sabor de la montaña
con mazorcas, papas, zapallo y zanahorias.
Por su parte el Caribe nos ofrece el ñame
el cebollín costeño y por supuesto
no puede faltar la música

Para el fandango que se ha formado
ya a las diez de la mañana
porque sancocho que se respete
lleva salsa, vallenato y merengue

hay señales de humo junto al río o en el patio
el rumor entre vecinos alborotó el avispero
llega el colado ofreciendo una china de fique
para avivar el fuego

Del centro de la cordillera acude la yuca
con su cuerpo blanco de seda como noble dama,
con la coraza oscura que protegió al tubérculo
en la deidad de su exquisita sabrosura

Por supuesto no podían faltar el cilantro,
el tomillo, el perejil, el apio para adobar
las viandas y mezclar a todos
en una sola verbena de sabores sin importar el origen

El sancocho es el comienzo de la parranda o
el levantamuertos después del guayabo
le sigue al carnaval, la feria, el aniversario de la parroquia,
el bautizo del pela'o, el plan del fin de semana,
el del paseo al rio

Es sinónimo de folclor, de identidad nacional
o internacional cuando se celebra en tierras extrañas,
y disfrutamos de su bondadoso sabor colombiano
Sancocho soy tu alegre devoto, ¡Bendice siempre con
tu sabrosura mi existencia a donde vaya!

Ode to Sancocho

An invitation opens at the utterance of your sacred name
and the commotion of a raucous crowd comes to mind
in the neck of the woods where
we know laughter and good times
the firewood, charcoal, and seasoning
to outfit the great occasion
can all fit into one gigantic cauldron

We have agreed to fill it with taste and good cheer,
with the flavors of three meats:
chicken, beef, and pork blend together

His Majesty, the Plantain, arrives
to take the station His Excellency deserves
well-tailored in raw green, of breathtaking texture, firm
and with a character evoking the elegance of his leaves

Maria adds the flavors of the mountain,
with ears of corn, potatoes, squash, and carrots
for its part, the Caribbean offers us the yam,
the coastal scallion, and, of course…
music cannot be missing!!

For, the fandango already starts by ten o'clock
in the morning, and respectable sancocho
hits it off with salsa, vallenato, and merengue

smoke signals rise by the river, or in the yard
the buzz among neighbors spurs an uninvited feeding frenzy
a party crasher brings a bellows
of fique leaves to fan the flames

Yucca springs from deep within the mountain chain
with her white silk body like a noblewoman
with the dark cuirass that protects her tuber
in the divinity of her exquisite tastiness

Of course, they cannot forget cilantro, thyme, parsley,
and celery, to marinate the meats and mix them all
into a single summer festival of flavors, regardless of origin

The sancocho is the beginning of the pageant,
the soup that revives the dead from their hangovers
it sires the carnival, the fair, the anniversary of the parish,
the baptism of the pela'o, the plan for the weekend,
and the day trip to the river

It is akin to folklore, to national identity
or multinational sharing
when celebrated in foreign lands…
we savor our tender-hearted Colombian flavor
Sancocho, I am your cheerful devotee! Bless me always
with your scrumptiousness, wherever I may go!

Roberto

Conozco a un hombre que tiene casi noventa años guardados bajo la manga, como un as, una carta escondida que saca de vez en cuando para hacerle un truco a la vida y extender su existencia de flor de un día, mientras envía al pelado de los mandados por un paquete de Pielroja sin filtro. De manos grandes y carnosas que se aferran sin exageración al diario trajín de sus memorias, Roberto, su nombre original, se ha perdido, sin embargo, en el limbo extremo de algunas amarguras o insatisfacciones del alma, sin sentirse frustrado, sino como el caminante perenne que no termina victorioso todas las batallas del destino, y que aún así, no se rinde totalmente sino que embiste, cual toro bravío bregando las jugadas de la vida con más aplomo o menor entusiasmo, dependiendo del día cogiendo el toro por los cuernos.

Me consta que caminó erguido como un pavo real en las ferias de flores y que las damas ilustres solían buscarlo para que apareciera con su impecable figura de estudiante de medicina y su sonrisa de actor de cine, en las fotos de la sociedad local. Es cierto que con sus palabras podía dominar la tertulia del parque bajo los almendros floridos y el olor de la guayaba de las tardes de mayo. Su voz elegante y la armonía de sus palabras emanaban de su boca como notas de Do Re Mi fácilmente, así estuviera narrando el más vil de los agravios. Lo vi con sus dotes de comerciante en las ferias de artesanos, entre mercancías de contrabando que compraba en Maicao o jarrones milenarios que habían llegado a los puertos venidos de la China, y que se promocionaban hasta avanzada la noche en medio de una partida de ajedrez y tres sorbos de tinto. Se notó en su figura un pasado glorioso de amores furtivos, siete hijas y dos varones que se exiliaron en el extranjero en busca de mejor fortuna y una lista infinita de sueños, casas en el aire, batallas inconclusas, proyectos de nunca empezar, negocios magníficos que se malograron, et cétera.

Roberto ha tenido un sueño prominente: morir mientras cruza la calle frente al panteón de la familia, única herencia que conserva después de dos siglos de historia. Él ha organizado su funeral de manera simple, insiste en desconectarse el oxígeno mientras fuma plácidamente el último cigarro. Sus pulmones son dos tacos de nicotina, ha dicho el cardiólogo. Sin embargo, sigue sorprendiéndome su mirada de perro triste y el color miel de sus ojos frustrados; conserva ese humor negro y sabio de los caballeros de su época. Allí mismo me pide que cuando muera use el espacio del tatarabuelo italiano del que heredó sus dos nombres y el primer apellido, para no incurrir en más gastos y conservar la regia escultura de la lápida de mármol importado, que reposa en el centro del mausoleo familiar. Después me reta a una partida de ajedrez, no sin antes pedirme el periódico y en medio de ataques de caballos y torres que protegen a una reina rodeada de peones, leer los obituarios. Con manos de Merlín da dos o tres jugadas invencibles, me mira con ternura a los ojos y jocosamente pronostica: mi fin va a ser muerto…hace una pausa, inhala una bocanada del aire de la ciudad seguido de un suspiro y exclama: ¡Jaque mate, querida, ponle atención al juego de la vida!

Roberto ya no existe y, sin embargo, no deja de vivir en mi memoria.

Roberto

I know a man nearly ninety years old, who hides, like an ace up his sleeve, a secret letter he takes out from time to time to do this trick to Life, and extend his Tiger Lily existence another day, while sending his houseboy for a pack of Pielroja studs. With large and meaty hands literally clinging to the daily hustle and bustle of his memories, Roberto, his original name, has been lost. Nonetheless, in the extreme limbo of some dissatisfaction in his soul, without frustration, he is as the eternal wanderer who does not triumph in all his battles with destiny, yet never completely surrenders. He manages to charge on with his unbroken spirit, slogging through the trials of life with greater composure, or less enthusiasm, depending on the day, but always taking the bull by the horns.

Robert walked erect like a peacock at the Colombian flower fairs, and glamorous ladies used to look for him to make his entrance with his impeccable figure like a medical student with the smile of a movie star, to appear beside him in the photos of the newspaper society section. The old-timers attest that his speech could command any gathering in the park, under the flowering almond trees with the fragrance of guava, on afternoons in May. His elegant voice and the harmony

*in his words flowed easily from his mouth, as if he were
singing "Do-Re-Mi", even when he was narrating the
vilest of grievances. I witnessed him in awe of his skills
as a merchant at craft fairs, whether selling contraband
goods he bought in Maicao or millenary vases that
had arrived in the ports of China, and peddling them
until late, after three sips of coffee, before a crowd
enthralled by his masterful mid-game of chess. In his
celebrity was evident a glorious past of furtive loves,
seven daughters and two sons who had gone into exile
abroad to seek better fortunes, and an endless, unmet
list of dreams; envisioning houses in the air, unfinished
mortal battles, brilliant projects that never got off the
ground, magnificent businesses spoiled by lesser men,
and countless other fantasies projected upon Roberto
by all those who knew him. The man himself had but
one prominent dream: to die while crossing the street
in front of the family's mausoleum, the only inheritance
he kept from two centuries of history, a vaunted family
legacy.*

*Roberto has organized his funeral in a simple way,
insisting on having his oxygen disconnected while
placidly smoking his last cigar. His lungs are two
bricks of nicotine, the cardiologist says. However, he
continues to surprise me with his hang-dog look and the
honey-color of his frustrated eyes; he retains that black,*

wise, and deft humor of the great statesmen of his time. Right now and here, his essence dissipating, he asks me to use the plot of his great-great-grandfather from Italy, from which he inherited three of his four names, so as not to incur further expenses and to keep in place the royal sculpture of the imported marble headstone, which rests in the center of the family pantheon. Then he challenges me to a game of chess, but not before asking me for the daily paper and, amid attacks from knights and rooks guarding a queen surrounded by pawns, reads the obituaries. With the fingers of a Merlin, he casts three invincible moves, looks at me with tenderness in his eyes, and jokingly predicts: "my end will be in death." He pauses, inhales a breath of the air of the city, followed by a sigh, and exclaims: "Checkmate, my dear, promise me you will pay attention to the Game of Life!"

Roberto no longer exists and, nonetheless, he abides forever in my heart and memory.

Printed in the United States
By Bookmasters